AUX ÉLECTEURS

DU DÉPARTEMENT DE L'OISE.

AUX ELECTEURS

DU DÉPARTEMENT DE L'OISE.

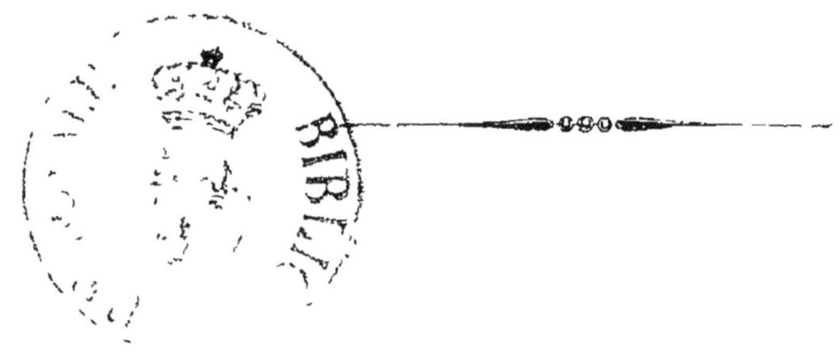

ÉLECTEURS,

Un changement de ministère, aussi inattendu qu'il est opposé aux intérêts véritables de la nation, vient d'avoir lieu ; et c'est au moment où la la France heureuse jouissait avec modération des libertés que la Charte lui reconnaît ; c'est au moment où elle attendait respectueusement de la bonté de son Prince le complément de ses institutions, qu'elle aurait pu demander plus rigoureusement à sa justice ; c'est alors que rien n'avait pu servir de prétexte à ce qu'on pourrait regarder comme une punition sévère ; c'est lorsque l'exagération des partis ne trouvait plus d'écho en France, et que les effets d'un essai de gouvernement légèrement libéral , avaient pu montrer ce qu'on pouvait attendre de force , de richesse et de prospérité d'un système semblable , augmenté constamment et graduellement ; c'est au milieu de ce concours de circonstances si propres à confirmer la sécurité du Prince, que les éternels ennemis de nos libertés ont pu lui arracher un changement qui doit être si fatal à son bonheur. A la nouvelle d'un changement de système aussi brusque, le premier sentiment a été celui de la stupeur, le second celui de l'indignation. Lorsque chez un peuple aussi vif, aussi impressionnable que l'est le peuple français, un acte a la couleur de l'injustice, soudain tout ce qu'il y a de généreux dans les ames se révolte, et souvent alors la passion prend la place de la raison. Dans ce moment, on a été jusques à douter des bienfaits du gouvernement représentatif : le nom sacré du Prince a été souvent mêlé aux imprécations adressées à ses nouveaux ministres.

On doit pardonner ces mouvemens peu constitutionnels à un peuple que l'autorité , depuis 15 ans, s'efforce de laisser dans l'ignorance des formes constitutives de son gouvernement. C'est à nous , amis passionnés de notre pays et de ses libertés légales , à dire à ce peuple que hors de la Charte il ne saurait y avoir de salut pour lui ; qu'il doit conséquemment se tenir dans les limites que lui a tracées le pacte fondamental. Tirons du malheur actuel une leçon utile, apprenons à être plus constitutionnels que jamais ; loin d'accuser le contrat qui unit le peuple au Prince, cherchons en lui les moyens de repousser nos ennemis ; que le coup dirigé contre nos libertés retourne droit à ceux qui nous l'ont lancé ; que par la difficulté de vaincre la France attache plus de prix à ce qu'elle aura conquis, qu'elle apprenne la constitution au milieu des luttes, elle en sera plus profondément constitutionnelle.

La Charte a déclaré la personne du Roi sacrée et inviolable ; tout le mal qui est fait ne saurait venir de lui, et en effet, à moins qu'on ne le suppose l'ennemi de lui-même, son bonheur particulier et la stabilité de son trône ne peuvent résulter que du bonheur du peuple et de la tranquillité publique ; lorsqu'un acte de son gouvernement paraît devoir compromettre *ces bonheurs et ces stabilités,* la faute en est aux conseillers de la Couronne dont les intérêts privés ou les passions ont égaré le Prince, et l'ont entraîné dans des voies dangereuses pour lui comme pour son peuple. Notre pacte a donc placé la personne du monarque au-dessus et hors de tous les débats politiques, pour qu'il en soit l'appréciateur et le juge ; mais par cela même il permet l'attaque qui doit l'éclairer contre ses conseillers et tous les agens de son autorité. Usant donc de cette voie, nous dirons à ces conseillers : Vous avez troublé la France dans sa sécurité, en portant au pouvoir des hommes connus pour être les ennemis de nos institutions nouvelles, qui long-temps s'en sont fait une espèce de gloire, et qui ne peuvent aujourd'hui s'exprimer autrement que par une dissimulation perfide, plus coupable encore que leur franchise anti-constitutionnelle.

Vous avez blessé la nation dans son honneur par le choix que vous avez conseillé : M. de Polignac ne fut-il pas le complice de Cadoudal? Et que fut Cadoudal? Interrogez les monumens judiciaires, ils répondront... M.ʳ de Bourmont? Waterloo est encore là pour accuser ses sermens; et les catégories de 1815 expliquent la marche et la politique ambitieuse de M.ʳ de la Bourdonnaye. Je ne connais pas cette justice d'opinion qui a deux poids et deux mesures selon la qualité des personnes. Pour moi, la fin ne sanctifie pas le moyen; dans la complicité comme dans le crime je ne vois qu'un poignard et une victime ; dans l'action d'une trahison je ne vois qu'un serment fait et un serment violé ; assassins, traîtres et hommes à catégories de tous les temps et de tous les pays, je vous confonds dans une égale horreur. Je juge les vivans comme l'histoire juge les morts, nus comme dans le cercueil.

Que sont devenues pour la France ces traditions d'honneur, qui étaient telles que quelque avantage qu'on eût tiré du crime on désavouait le criminel ? Je vous le demande, à vous surtout qui vous prétendez les dépositaires de l'antique loyauté de nos aïeux ? Quels hommes venez-vous de porter au pouvoir ? Au choix des ouvriers on peut préjuger l'œuvre que vous vous promettez.

Vous avez enfin blessé la France dans sa dignité quand vous avez proposé, pour être mis à la tête des Affaires étrangères, un homme qui, par sa longue habitation en Angleterre, et son intimité connue avec des diplomates dont les intérêts nationaux sont les plus opposés aux nôtres, ne présente qu'une faible garantie à l'indépendance nationale. Vous savez cependant que sur ce point la France est ombrageuse : elle a droit de l'être ; elle l'est plus encore quand il s'agit de marcher avec sa rivale de tous les temps, avec cette Albion dont les intérêts ne peuvent dans le fond avoir rien de commun avec les siens.

Les affaires d'Orient ont, dit-on, été le motif du changement du ministère. S'il en est ainsi, essayons de percer cette diplomatie si mystérieuse du Levant, et, avec l'aide du simple bon sens, cherchons à assigner quelle attitude il convient le mieux à la France de prendre dans cette circonstance, dans ses intérêts nationaux bien entendus, afin que plus tard on juge de l'opportunité d'un changement, dont la diplomatie a pu être le prétexte, mais dont je doute que le résultat soit jamais l'excuse.

Dans la querelle qui agite dans ce moment la Turquie et la Russie, et à l'issue de laquelle tant d'intérêts divers se rattachent, trois partis peuvent être pris : se joindre à la Russie, rester neutres, se joindre à l'Angleterre.

Faire cause commune avec la Russie serait probablement le pire de tous ; la France serait trop peu certaine de n'être pas la dupe de l'ambition des Tzars, elle ne pourrait espérer aucune compensation solide aux sacrifices qu'elle consentirait, ni aux risques qu'elle pourrait courir ; notre marine n'est encore qu'un enfant , donnant les plus belles espérances , pleine de l'ardeur la plus généreuse , mais aussi pleine de l'inexpérience du jeune âge ; la compromettre ne serait pas sage.

Rester neutres : Ce parti est celui que conseille la sagesse. La France , qui doit toujours être armée d'une grande force , ne doit en user que lorsqu'il existe pour elle des intérêts pressans et positifs de le faire ; dans tout autre cas elle ne doit l'employer qu'à faire respecter son indépendance. Malheur à l'étranger qui prétendrait lui porter atteinte ! Si l'armée soldée ne suffisait pas pour en imposer à son arrogant ennemi , que le prince , plein de confiance en son peuple , en appelle à lui de l'insulte qui leur aurait été faite à l'un et à l'autre , et on trouvera toujours ce peuple sensible au cri de l'honneur national outragé. On verrait se rallumer ce courage qui répondit si bien , en 1712 , à celui de Louis XIV devenu vieux , dont les trophées avaient été insultés à Malplaquet , et que la nation releva si glorieusement à Denain. On retrouverait ce courage de 1792 , qui , dans les plaines de Valmy , dissipa comme de la poussière les hordes ennemies : on l'aurait retrouvé en 1814 , pour chasser l'étranger dont la présence souillait le sol de la patrie , si le despotisme et l'ambition de son chef d'alors avaient laissé à son peuple le moindre intérêt à le faire.

Marcher avec l'Angleterre : On sait trop que dans sa politique égoïste , l'Angleterre ne se sert de ses alliés que comme moyen ; qu'elle les appelle au partage des dangers , mais non à celui des bénéfices ; nos intérêts d'ailleurs ne sont pas les mêmes , s'il est vrai que les troubles actuels de l'Orient nuisent à nos relations commerciales avec cette partie du monde , il l'est aussi que, quelle que soit l'issue de la lutte, rien de notre puissance positive ne se trouve compromis. Les russes succombent-ils ? nos relations avec la Turquie reprennent leurs cours accoutumé, parce que nous portons dans ce pays ce que les Anglais ne pourraient y porter ; l'existence de la Grèce étant d'ailleurs aujourd'hui à l'abri des événemens , et même des politiques opposées à sa régénération , nous irons toujours recueillir auprès des Grecs , en leur vendant nos produits , l'intérêt des sa-

crifices que nous avons faits pour eux. La Turquie au contraire succombe-t-elle? de nouvelles
relations s'ouvrent avec de nouveaux peuples, et
ce que l'Angleterre redoute sur-tout dans ce
triomphe des russes, devrait être pour nous un
motif pour ne pas l'aider à atteindre le but qu'elle
se propose. Dans l'appui que l'Angleterre va prê-
ter au Grand Seigneur, il ne s'agit ni d'affection
pour le chef des Othmans, ni même d'un besoin
pressant de sauver les comptoirs que ses sujets
peuvent posséder à Constantinople : il s'agit pour
elle d'une condition d'existence; elle va empêcher
les russes de déboucher dans la Méditerannée,
elle va arrêter dans ses élans une marine déjà
formidable; elle va lui interdire autant qu'il sera
en elle le parcours des mers, condition première
pour élever une puissance maritime au plus haut
degré de force. — Que l'Angleterre redoute l'apparition dans la Méditerrannée d'une marine qui
pourrait un jour se coaliser avec celle de la
France, *coalition solide parce qu'elle serait fondée
sur des intérêts vrais;* qu'elle redoute que ces
puissances unies, qui lui feraient enfin trouver
une rivale sur l'onde, ne lui ferment un jour le
détroit de Gibraltar, et lui interdisent ainsi le com-
merce de l'Italie, du Levant et de l'Égypte, et ne
fasse par ce moyen un partage équitable de l'em-
pire des mers; que l'Autriche qui, dans ces
résultats possibles se trouverait pressée à la fois

par deux grandes nations , sans avoir part à au-
cun des avantages qui pourraient en résulter pour
elles , parce que tout s'oppose à ce qu'elle de-
vienne jamais une grande puissance navale ; que
l'Autriche , dis-je , soit avec l'Angleterre en communauté de craintes, et conséquemment de ré-
sistance , je le conçois ; mais qu'on entraîne la
France dans une politique si peu conforme à ses
intérêts vrais , voilà ce que je ne saurais admettre.

Mais , s'écrie la vieille diplomatie de l'Europe,
ne craignez-vous pas de voir se rompre l'équilibre
des puissances européennes ? ne redoutez-vous
pas de voir un jour se répandre sur vos belles
contrées les populations Slaves, avides de votre
ciel , avides de vos productions ?

Je ne redoute rien de semblable , parce que
ces équilibres de puissance des peuples dans
lesquels on ne fait entrer en compte que les lieues
carrées de pays et les têtes d'hommes qui les
couvrent , sans avoir égard aux impulsions morales qui peuvent tout d'un coup doubler la force
des peuples , ou l'anéantir , ne signifient rien :
l'histoire est là pour appuyer mon opinion. L'é-
quilibre le mieux établi , fut celui fondé par le
traité de Westphalie; il n'a pas sauvé l'Europe
d'agitations continuelles. D'ailleurs les peuples
ont aujourd'hui des forces morales trop inégales
pour que ce mécanisme de puissance soit bon à
quelque chose ; quant à l'appât que peut offrir

la richesse de notre sol, on n'aurait certe pas de meilleurs moyens d'en dégoûter les semi-barbares de la Finlande, qu'en leur laissant goûter les douceurs du ciel de l'antique Byzance, qu'en les laissant séjourner sur les bords charmans baignés par les Bosphores. Ces pays deviendraient indubitablement la Capoue des Russes ; ils détrempent bien plus les courages qu'ils ne les augmentent. Je doute que les populations qui s'y seraient fixées, en sortissent jamais pour tenter la conquête du restant de l'Europe ; mais si enfin elles étaient assez imprudentes pour l'essayer, la France libre n'aurait rien à redouter de leurs hordes nombreuses. Qu'on donne à la France les institutions qui rendent chère cette communauté d'intérêts qu'on appelle patrie, et malheur alors à l'étranger qui pourrait rêver sa conquête ! Ses légions, telles innombrables qu'elles fussent, ne tireraient d'autres fruits de leur ambitieuse tentative que la mort et la honte ; en un instant ces légions seraient dissipées, comme le furent autrefois celles du puissant Xercès par une poignée de Grecs libres !

C'est cependant la politique conforme aux intérêts de l'Angleterre, que notre cabinet paraît avoir adopté ; le ministère Martignac n'a, dit-on, été remplacé que parce qu'il inclinait vers la neutralité.

Je dois m'expliquer ici sur ce ministère qui

n'est plus ; j'en ai été jusqu'à la fin le partisan, non que j'approuvasse ses hésitations et ses faiblesses , mais parce que je ne les ai jamais attribuées qu'aux difficultés qu'il rencontrait à administrer en présence d'un pouvoir oculte , dont seul il pouvait apprécier toute la force.

Le ministère Martignac livré à lui-même eût gouverné libéralement ; il l'eût fait par conviction et par la connaissance bien intime qu'il avait des besoins du pays et de l'impossibilité de marcher autrement.

Ce ministère n'est plus , il a été remplacé par celui de l'extrême droite : nous allons le subir.

Dans les craintes qu'inspirent les opinions bien connues des nouveaux ministres , il en est une que je crois dénuée de fondement : je veux parler du coup d'état qui aurait pour résultat d'anéantir le gouvernement représentatif , non qu'ils ne le désirent vivement, mais parce qu'ils ne sont point arrivés à ce point de folie furieuse qui seule pourrait faire tenter une pareille entreprise. Que la France se rassure ; si la Charte cessait d'exister pour elle , elle cesserait d'exister aussi pour ses ennemis ; mais il n'arrivera rien de tel, les efforts du nouveau ministère vont tendre, non à la supprimer , mais à en neutraliser les effets ; il en conservera avec soin l'apparence qui peut lui être utile, pour la dépouiller autant qu'il sera en lui de sa force réelle. Quoi qu'il en soit, ses efforts seront vains, nous sortirons victorieux de cette nouvelle lutte, on ne fait pas plus rétrograder les nations vers les temps qui ne sont plus, qu'on ne fait remonter les fleuves vers leur source; vingt-quatre millions d'hommes ne subiront pas la loi de quelques milliers d'individus ! Mais ne le dissimulons pas, l'apparition de ce ministère, si hostile au milieu de la soumission du pays, laissera des traces que le temps effacera difficilement. On croira toujours à la possibilité du retour d'un état de choses, que les prévisions de la raison et de la justice avaient jusques alors présenté comme impossible.

Le remède à une si juste défiance est dans la réalisation si long-temps retardée des institutions qui seules peuvent ôter à la jouissance de nos libertés légales, ce qu'elle a de précaire.

Ce n'est que par ces garanties que l'on diminuera les effets toujours funestes de ces oscillations brusques qui, en un seul jour, remettent en question tout ce qui avait été décidé pendant plusieurs années; qui anéantissent tout d'un coup les résultats de longs travaux et ébranlent la sécurité des peuples jusques dans leurs possessions physiques et intellectuelles. Ces garanties, nous y avons droit; le contrat qui lie le peuple au pouvoir, engage également les deux parties; depuis long-temps le peuple exécute ponctuellement les conditions auxquelles il est astreint envers l'autorité, pourquoi l'autorité ne remplit-elle pas également ses engagemens envers le peuple? Où sont ces lois communales promises depuis que la France reconnaît un Roi constitutionnel, ces lois qui sont un élément nécessaire, indispensable du système représentatif; où est cette responsabilité des ministres écrite dans la Charte, et qui y reste inerte, faute de l'organisation qui doit lui donner le mouvement? Ne trouverait-on bon à exécuter le contrat que lorsqu'il est l'instrument au moyen duquel on parvient à puiser chez la classe laborieuse, *la seule qui soit la nation proprement dite,* l'énorme impôt d'un milliard? Et le dénierait-on lorsqu'il faut donner en échange de cet immense sacrifice, que l'espérance seule de la liberté fait ponctuellement acquitter, une administration qui tourne au profit de ceux qui paient, et non de ceux qui dévorent? Croit-on avoir le droit de troubler constamment cette nation, de l'inquiéter dans ses intérêts les plus chers, d'arrêter les élans de son industrie? Que ses ennemis, poignée d'insolites en France, indignes du nom comme du titre de Français, dont ils n'usent que pour porter la désolation dans le reste de la famille, enfans ingrats qui n'existent que pour le malheur de la mère commune, et qui la paient des bienfaits dont elle les a comblés en déchirant son sein, sachent que la France qui a combattu quarante ans pour la liberté, ne renoncera pas aujourd'hui au triomphe de sa belle cause, et qu'elle n'acceptera jamais leur honteux servage.

Français ! que des paroles semblables à celles que je viens de faire entendre parviennent au pied du Trône de tous les coins de la France, que ce soit le cri des villes et celui des hameaux, votre Souverain dont les intérêts ne sauraient être que les vôtres, vous entendra, et le triomphe des en- nemis de vos institutions aura cessé.

L'époque où les listes électorales sont soumises à votre contrôle est arrivée, complétez-les, épu- rez-les avec soin ; couvrez-vous de vos armes constitutionnelles ; comme le soldat qui est en face de l'ennemi, soyez prêts à combattre, et les libertés publiques sont sauvées.

Vive le Roi ! vive la France constitutionnelle !

G. HOUBIGANT.

Nogent-les-Vierges, 12 août 1829.

Imprim. de MIGNERET, rue du Dragon, n° 20.